子どもはレシピ10個で育つ。

上田淳子

はじめに

双子の息子たちが成人したいま思うのは、
日々のごはんにたくさんのレシピは必要ない、ということでした。
持つべきは、刻々と変化する状況や条件に応じてレシピや献立をアレンジできる力。
家族も自分も、毎日ごちそうが食べたいわけではなくて、
〝そこそこ〟の料理が、おなかが空いたときに並ぶこと、
それが本当の理想であり現実なのではないでしょうか。
レシピは、家族が好きなものや自分が作りやすいものを
10個ほど持っていれば実は十分です。
その10個を、いまある素材や料理にかけられる時間などとにらめっこしながらアレンジできれば
バリエーションは自然と広がっていきます。
しかし、そうやってアレンジできるようになるには、
メニュー名から献立を考えてしまうクセや
検索してしまう習慣から一旦離れる必要があります。

この本ではそんなふうに、
固くなってしまった頭をほぐすための新しい考え方や
すぐに使える小ワザ、我が家で日々アレンジしながら作っている
ネタ元レシピなどを詰め込みました。

ゴールが見えないようでいて
子どもはあっという間に大きくなってしまいます。
24時間365日一緒にいたのに、トイレについて行かなくなり、
だんだんと手を繋がなくなり、一緒に寝ることもなくなります。
でも、唯一最後までできるのは、ごはんを一緒に食べること。
独立して実家に帰ってきたときなども、
一緒にいるのは案外ごはんを食べるときぐらいしかないように思います。
だから私は、母として、料理を諦めたくないと思っています。
毎日ごちそうは作れないけれど、蒸しただけのさつまいもや茹でただけのトウモロコシでも
自分なりのこだわりと思いを持って作りたい。
そうしたらきっと、シンプルな料理でも、何百回と作ったメニューでも
最後まで一緒に〝美味しいね〟と言い合える関係が作れるような気がしています。

「そんなに頑張らなくていいよ」と言ってくれる人たちもいますが、
正直なところ、頑張らないと家事も育児も回らないですよね。
大切なのは「頑張る」とか「頑張らない」ではなくて、
「少し頑張る日」や「ちょっとだけ力を抜く日」を作ったり
家族や便利な道具に甘えたりして
自分で自分をコントロールしながら、走り続ける持久力。
そう、毎日のごはん作りも家事もフルマラソンだから。

目次

2章　料理に煩わされないための小ワザ

3章　助けてくれる道具

4章　いざ、作ってみるなら

この本の使い方

- 材料や作り方にある「小さじ1」は5㎖、「大さじ1」は15㎖です。
- 野菜類は、特に表記のない場合は皮をむく、洗うなどの作業を行ってからの手順を記載しています。
- 電子レンジ、オーブン、オーブントースターなどの調理家電は、お手持ちの機種の取扱説明書に従って使用してください。
  また、機種により加熱時間に違いがあります。

1章

献立に悩まないための考え方

考え方 1

「マンネリ」という言葉に縛られているのは自分だけ。カレーもハンバーグも「週1回」出したって家族は困らない

「ごはんを作ることよりも、献立を考えるのが億劫」という声をよく聞きます。何を作ろう……アレはこの前作ったばかりだし、コレも先週作った……と負のスパイラルに巻き込まれ、ごはんを作る前に戦意喪失。

しかし、そういう〝献立のマンネリ化〟に悩まされているのは、実は自分だけ。家族は、毎日違うものを取っかえ引っかえ食べたいわけではなく、（特に夫や男児は）カレーは週に1回くらいは食べたいし、ハンバーグだって月3回くらい出てきてOKだと思っています。家族が好きなものは、頻繁に作っていいんです。

考え方 2

今日の献立＝自分が食べたいもの

〝家族が好きなもの〟と同じくらい大切なのが〝作る人の気分〟。作る人がいま食べたいもの、作りたいと思っているものは率先して食卓に出していいと思います。特に、小さな子どもにとって〝ママが好きなもの〟は影響が大きいですし、〝ママが仕方なく作っているもの〟はそういうオーラがお皿から漂い、子どもにはバレバレ。買ってきたお惣菜でも、それがママの好きなものであればＯＫなんです。自分が好きなものを食卓に出すことを基本に、そのなかで子どもに与えても大丈夫なものを選んでいく、というのも立派な献立の立て方です。

考え方 3

献立は月、火、水、のぶんだけ考える

週末に1週間分の買い出しをするという方も多いと思います。その際、ある程度献立を立ててから買い出しへ行くと思いますが、注意すべきなのは、**決して5日分の献立を立ててはいけない**ということ。

買い出しに行くときは、やる気も元気もあり、普通に1週間分の食材を買ってしまいますが、いざ1週間が始まると、予定より帰宅が遅くなった、考えていたメニューを食べる気分ではなくなった、急に外食することになったなど、常に想定外のことが起こります。

まとめて献立を考えるなら、月曜日、火曜日、水曜日の3日分だけ。**木曜日と金曜日は〝帳尻合わせ〟**と考えましょう。月曜から水曜までで使い切らなかった食材を使ったり、肉や魚を使い切っていたら、タンパク質は豆腐や納豆を上手に投入して。ストックできるものとしては、ツナ缶やサバ缶、お麩もおすすめです。水で戻したお麩をだし＋醬油などで煮たあと卵でとじてごはんにのせれば、良質なタンパク質が摂れる立派な一品に。木曜、金曜は疲れも溜まってくる頃です。自分で決めてしまった献立に縛られるのではなく、冷蔵庫をきれいにすること、最低限のバランスを守ることだけに集中しましょう。

考え方 4

子育て中の20年間は、10個のレシピがあれば乗りきれる

カレーもハンバーグも週1回作ってOKというお話をしました。となると、覚えておくレシピの数って意外と少なくていい、ということにお気づきですか？私は、基本の手持ちレシピは10個あれば十分だと思っています。例えばハンバーグだったら、豆腐やれんこんを入れてみたり、上にかけるソースを変えたり、餃子や春巻きは、中身の具材を変えるとまったく別のメニューに変身します。肉じゃがだったら、じゃがいもをさつまいもに変えるだけのアレンジで、もはや別メニュー。

もちろん、新しいレシピに挑戦するのは楽しいことですが、それは時間と気持ちの余裕があるときにやればいい。**慌ただしい子育て期は、いわば「フルマラソン」。いかに息切れせずに日々の食卓を回していくのかが大切ですからね。**だからもう、献立に悩むのはやめましょう。自分がスムーズに作れる10個のレシピをいかに回していくかに注力するのです。

食べ飽きない⑩のレシピ ⟶ P.110

考え方 5

つくりおき家族にとっては残りもの⁉

POINT

隙間時間にやることとしては、つくりおきではなく〝仕込み置き〟がおすすめ。献立が決まっているなら具材を切っておくだけでもいいですし、肉や魚を塩や麹に漬けて保存したり（保存期間は4日程度）、味噌汁用の野菜を切って冷凍しておくのもいい。塩豚は後からスープにしたり、煮込み料理などに使えて便利です。

「つくりおき」を作ることに必死になって、貴重な休日を潰していませんか？週末はしっかり休む。もしくは、平日はなかなかできないちょっと手の込んだメニューにトライしたりして料理を楽しむ。作っておいて美味しくなるもの。それは「つくりおき」ですが、毎日ノルマを消化するように食べるものはただの「残りもの」。今日食べたいと思ったものをささっと作れるようになること。頑張るべきは、そこなのです。

考え方 6

白米と味噌汁は「冷凍」に頼る、が正解

MEMO

料理家の私も、当初子どもは私の作った料理をぜんぜん食べてくれず、家族のごはんもままならない状況でした。調理学校や海外修業など15年間の私の料理経験はまるで通用しなかったのです。そしていま思うのは、料理のスキルは子どもを持ってからの15年間のほうが上がったということ。それはもう大変でしたが（笑）。この味噌汁用の具材を冷凍するアイデアもその中で生まれたものです。

お米を研いで水を入れてスイッチをＯＮ。ただそれだけなのに、仕事や育児で忙しい毎日の中では、それさえもままならなかったりしますよね。でも、炊き上がった白米を長時間保温しておくと、いまどきの炊飯器は進化しているとはいえ、どうしても味も香味も落ちてしまいます。ですので、毎日炊飯するのが少しでも大変なら、迷わず冷凍を！　炊き上がりすぐに冷凍すれば、美味しさはそのまま。お米は1合や2合炊くより多く炊くほうが美味しくなる、という事実もあります。3人家族だったら、一度に3～4合を炊いて、炊き上がったらすぐに冷凍。それがなくなったら炊くというルーティーンをおすすめします。

もうひとつ、ぜひ実践してほしいのが、味噌汁用の具材の冷凍です。端野菜や、他のメニューを作るときに切って余った食材はポリ袋に入れて冷凍庫へ。冷凍した野菜は繊維が崩れてしまうので、炒め物に使うとベチャベチャになってしまいますが、味噌汁の具として使うぶんには遜色ありません。しかも、**冷凍した野菜のほうが早く柔らかくなります**。味噌汁のために包丁やまな板を出すのは億劫だったりしますよね。私が育児真っ只中だった頃は、だいたい「葉物野菜」「玉ねぎ、ねぎ」「きのこ類」の3つの袋を用意して、味噌汁を作るときにそこから適量をガバッとつかんで鍋へ……というように使っていました。

考え方
7

おかずの品数は、多いほうが実はラク

さて平日の夕飯時、皆さんは何品ほど作っているでしょうか。

昔の日本の食卓は品数がとても多くて、私もそうですが、たくさんの品数を作ってこそ一人前の主婦……という家庭が多かったように思います。ですが、昔の和食は一品に使う素材が少なく、調理がとてもシンプルでした。だから、品数が増やしやすかったんですよね。いまは中国料理も西洋料理も入ってきて、一皿に肉も野菜もたくさん入ったメニューが日常的に食卓に並ぶようになりました。また、最近では〝一汁一菜〟がブームになったこともあり、いかに一皿にまとめてラクをするか、と考えている人も多いと思います。

でも実は、一皿にまとめるには高い技術が要ります。**皿数が多い＝作るのが大変、というのは大きな誤解なのです**。例えば酢豚。肉は揚げておかないといけないしピーマンは最後のほうに入れないと色味も食感もよくない。

それを考えると、お肉だけを焼いて、他の素材は別のメニューにしたほうがラクだと思いませんか？　シンプルな和え物など、**一品に使う素材を少なくすれば一つひとつの調理時間は少なく失敗しにくい**。いろんな味付けのものを作れるので、食べていて飽きない。品数が多ければ食卓も華やぐ。世の中はどんどんまとめようとしているけど、私は「もっとバラそうよ」って思っています。

春

一緒に調理しがちな素材を、あえてバラす

ひき肉ともやし。ついつい一緒に炒めてしまいたくなる2つですが、ひき肉は肉味噌に、もやしはナムルにして中華風の献立にしてみました。別々のメニューに仕立てることで品数を増やすことができるのはもちろん、それぞれのメニューで使う素材が少ないので、一つひとつがあっという間に出来上がります。しかも、この献立は、アサリのスープ以外はすべて火を使わず、耐熱ボウルひとつで調理が完結。基本的に、切った素材をどんどんボウルに入れて、調味料で和えれば出来上がります。ナムルには、ブロッコリーや小松菜などを足しても。

POINT

豚ひき肉(300g)は、醤油(大2)、味噌(大2)、砂糖(大2½)、みりん(大2)とよく混ぜ合わせて均一にしたあと、小麦粉(小2弱)をふり入れ、さらに混ぜてレンジで2分加熱。取り出して、混ぜ、さらに2～3分加熱。フライパンなしで作れる簡単な肉味噌です。小麦粉を入れることで全体が程よくまとまり、葉野菜で巻いたときに食べやすくなるのもポイント。葉野菜はサンチュやグリーンカールなどお好みのもので。

アサリのスープ
わかめときゅうりの中華風
もやしのナムル
中華風ひき肉の味噌そぼろ

POINT

唐揚げ用の鶏肉400g（塩小½、胡椒を適量すり込んでおく）は、オリーブ油（小1）をひいたフライパンで皮目から焼いて、触らずに3分。裏返してからは30秒ほど焼き一旦取り出す。ささっとふいたフライパンにつぶしたにんにく（1かけ）、オリーブ油（大1½）を入れて香りが立ってきたらトマト缶（1缶）を入れて5分ほど煮る。その中に鶏肉を入れて5分ほど煮て、塩、胡椒で味を調える。

夏

夏こそ〝お皿をバラす〟チャンスです！

なぜなら、トウモロコシ、枝豆、トマト、きゅうりなど、切るだけ、茹でるだけで美味しい野菜が旬を迎えるからです。包装から出すだけのタンパク質・冷奴は、毎日でも食べたいですよね。ズッキーニは「鶏モモ肉のトマト煮」に入れずに、単体で歯ごたえが心地よいチーズ焼きに。こうすれば、柔らかく煮えたズッキーニから出る水分で、トマトソースが水っぽくなることもありません。品数を増やすことで、献立の中の味や食感を変えることができるので、食べていても飽き知らずです。洗い物が増えるのはちょっと……という心配も、こんなふうにワンプレートにすれば問題解決。夏野菜の鮮やかな彩りを目でも楽しめます。

ズッキーニのチーズ焼き
茹でコーン
鶏モモ肉のトマト煮

秋

素材をひとつずつ調理することでリスク減

脂ののった秋の生鮭、キャベツ、きのこ。ここに味噌やバターを加えるとちゃんちゃん焼きになりますが、秋もまた、積極的にバラしていきます。キャベツは生のまま塩もみをしておかか和えに。鮭は塩をして耐熱皿に並べ、ねぎをたっぷり入れたマヨネーズをのせてオーブン焼き。素材をひとつずつ調理することで、失敗してしまうリスクが減ります。かつ、品数が増えるのでテーブルが賑やかになるというメリットも。つまり、〝皿バラし〟は料理が苦手な人にとって一石二鳥なのです。

POINT

かぼちゃは〝蒸す〟のが鉄則。少量の水で「フライパン蒸し」にすることで、モソモソしたり煮崩れてしまうこともなく、ねっとりなめらかに仕上がります。皮を下にしてフライパンに小さめの一口大に切ったかぼちゃ（¼個）を並べ、水（½カップ）とバター（10g）を入れて蓋をする。中火で5分。火が通っているのを確かめて醤油（大½）を加えて混ぜ、余分な水分を煮飛ばす。

塩もみキャベツのおかか和え
きのこの味噌汁
蒸しかぼちゃのバター醤油風味
鮭ねぎマヨ焼き

冬

メニューが増えるのに時短!?

ブリと大根がある日も、急ぐときは、「ブリ大根」にせず別々に調理します。15分ほどでできる照り煮と、魚を煮ているあいだにサラダを作る〝時短献立〟です。この時期の大根は甘みがあって美味しいので、ぜひ生のままで。味噌汁は根菜と肉を入れて具沢山にします。魚が主菜だとおなかいっぱいにならない！という食べ盛りの子どもも満足してくれるはず。

魚は焼くとすぐに身が硬くなるので、魚料理に慣れていない人には〝煮る〟のがおすすめ。一度冷めても温めることができるので、家族が一緒に夕食をとれないときにもいいですよね。

POINT

ブリ(3～4切れ)に酒をからめて5分ほど置く。フライパンに水(150㎖)と醤油、みりん、酒(各40㎖)、砂糖(大2)を入れて沸騰したら、表面の水分をふきとったブリを並べる。落とし蓋と蓋をして弱火で5分。ブリを取り出した後に煮汁を煮つめる(魚が硬くなってしまうので、取り出してから煮汁を煮詰めて味を調えましょう)。

ブリの照り煮
大根とホタテ缶のサラダ
豚肉とさつまいもの味噌汁

考え方 8

〝回鍋肉〟を作るための買い出しはやめる

献立を考えるとき、「回鍋肉」を作ろう、今夜は「ミートソースパスタ」かな……と、〝メニュー名〟から考えたり、スマホで検索したりしていませんか？　すると、「回鍋肉」を作るのに足りない材料や調味料が発生。まだ冷蔵庫に別の食材があるのにもかかわらず、買い物へ行ってしまったり……という経験がある方は多いのではないでしょうか。

献立は、〝メニュー名〟から考えてはいけません

話は少しずれますが、スマホなどでレシピを検索する際、メニュー名で検索をすることが多くありませんか？　「回鍋肉　レシピ」などのように。でも、そうやって検索結果のレシピを見ながら作っていると、そのメニューだけしか、さらには検索した先で見つけた特定のレシピでしか作れるようになりません。例えば「今日は鮭のちゃんちゃん焼きを作ろう」と献立を決めてあったとします。ところが、あると思っていた味噌がない、予定が変わって作る時間がないなど想定外のことが起こる。すると、頭にはちゃんちゃん焼きというメニュー名しかないためにプチパニック！　結局、予定になかった焼きそばを作って、新鮮な鮭は台無しに……なんてことが起こってしまうのです。鮭はさっと焼いて、一緒に炒めるはずだった野菜は軽く塩もみして添えるなど、なぜ臨機応変に作ることができな

POINT

暗記しよう!
「食べたい気分で決める、合わせ調味料」
※こってり味噌味/味噌2、みりん2、砂糖1
※子ども大好き甘辛味/醤油2、みりん2、酒2、砂糖1
※さっぱり甘酢味/酢2、醤油1、砂糖1

いのでしょう。それはやはり、献立をメニュー名で決め込んでしまうことにあるのです。いつまでたっても〝レシピ離れ〟ができないまま、料理のスキルは一向に上がらない。つまるところ、毎回レシピ検索をしなければいられなくなってしまう、というわけです。それよりも、冷蔵庫にあるもの、スーパーマーケットで特売だった食材を使って自由に献立を決められるようになるほうが、自分自身も絶対にラクではありませんか?

使う食材を決めたら「何味で食べるのか」を考える

そうは言っても、メニュー名から献立を決めることをやめるなんて難しいと思うでしょう。

まずは、主役にしたい食材を決めてください。スーパーマーケットで特売だった魚、いま冷蔵庫にあって早めに使い切りたい牛肉、昨日は牛肉だったから今日は鶏肉にしようかな、肉も魚もないけど豆腐ならある!など、決め方はいろいろとありますね。その次に考えるのは、それを「何味で食べるのか」です。

例えば、鶏のモモ肉。

味噌×みりん×砂糖で、こってり味噌味。

醤油×みりん×酒×砂糖で、子どもが大好きな甘辛味。

いやいや、週末に焼き鳥を食べたばかりだから、酢×醬油×砂糖でさっぱりと甘酢あんにしてみようかな。

そういえばトマト缶があるから、一緒に煮込もうかな、など……。

「何味で食べるのか」は、1週間のバランスやその日の気分などと相談して自由に。主役の食材に何か野菜やサブ食材を足したいと思えば、その味に合いそうなものを冷蔵庫のストックからピックアップ。献立は、ぜひこのステップで決めてみてください。何味かを決める基本的な調味料の組み合わせはいくつか覚えておいて（メモをしておいて）、その都度、味見をしながら足し引きをすればいいのです。例えば、味噌味に何か物足りなさを感じたら自分だけに七味唐辛子や豆板醬を足したり、家族が風邪気味だったら生姜を入れてみたり、蒸し暑い日は酢を多めにしてみたり……。誰かが決めたレシピではないから、そこには正解も不正解もありません。自分が好きな味でいいのです。

冷蔵庫にあるものでササッと……ができるようになる！

私は、「料理というものは考えながら、もしくはイメージを膨らませながら作らないと上達しない」と考えています。「コレとコレを合わせるとこんな味になるのか」とか「この食材にはコレが合うかも？」と思いを巡らせながら作ってみ

POINT

「何味で食べるのか?」で決める献立。慣れるためにはお馴染みの唐揚げでやってみるのがおすすめです。我が家では揚げたあとに甘辛ダレ(P.34 POINT参照)と白ごまをまぶして名古屋の手羽先風にしたり、ねぎ塩ダレ(白ねぎ½本にごま油大1、酢大1、水大1、顆粒中華だし小½、塩ひとつまみ)を用意してみたりします。誕生日などのイベントのときは手羽先を使ってチューリップ型に。形を変えるだけでも。

る。そういう経験の積み重ねが大切なのです。その場しのぎのメニュー名検索に頼っていては、10年経っても20年経っても料理上手にはなりません。

「何味で食べる?」という考え方。最初は難しいと感じるかもしれませんが、何週間か続ければ次第に慣れてきます。そうやって作り続けていると、冷蔵庫の食材を使い切るだけでなく、献立を考えるのがぐっとラクになります。決まった作り方や材料に縛られることがないからです。

自分の〝思いつき〟を信じて、もっと試してみよう

例えば、我が家のカレーライスには、定番がありません。じゃがいもとにんじん、玉ねぎ、牛肉の一般的にオーソドックスと言われるカレーの日もあれば、冬は鍋の余り野菜で作った白菜カレー、ひき肉が冷蔵庫にあった日はキーマ、ルウもサラサラとしていたり、とろとろ系だったりといろいろです。息子たちからは「ウチのカレーは毎回違うよね」と言われるほどです。でも、そうやってカレーの具材やルウを変えているのは、我が家だけではないはず。カレーライスは絶対にこの具材でないとダメ! ということはないですよね。他のメニュー(や味付け方法)もそれと同じです。あれやこれやと試行錯誤していって、自分が美味しいと思う味を見つければいいのです。唐揚げも、鶏モモ肉が基本ですが、

「骨付きでやったら盛り上がるかな？」「ラムでやってみようかな？　そのときは、クミンを少し入れてみたらどうかな」と、実験のように試していって上手にできればマイレパートリーになる。料理家という職業の私も、その繰り返しです。そうやって生まれたひと皿にメニュー名はないかもしれませんが、**家庭料理は〝題名のないお皿たち〟の集まり**。自ら考えたそのメニューを褒められたら、とても嬉しいですよね。それぞれの家庭の味って、そうやって生まれていくような気がします。子育ても20年を迎える頃には、自分なりのアレンジを自由に楽しんだり、外食をしたときにも「このソースはアレとアレで作れるかも」なんて思ったり……。そして、いわゆる〝冷蔵庫にあるものでササッと〟が、頑張らなくてもできるようになるのです。

考え方
9

困ったら、
とりあえず肉を焼く。
そこに「なにをのっける？」
で考える

POINT

鶏肉を美味しく焼くコツは、油を熱する前に肉を入れることと、焼き始めたら触らないこと。熱いところから焼くと皮目がグニャッとして焼けていない部分ができてしまいます。肉の重量に対して1％弱の塩をして、まず皮目から中火で焼いていきます。パチパチと音がし始めたら弱火に。６～８分ほど焼いて、肉の縁が白っぽくなったら裏返す。出てきた脂は都度ペーパータオルでふきとる。裏返して弱火のまま２～３分。

「なに味で食べる?」と聞かれても、そもそもその〝味〟が作れない！　難しい……！　ということであれば、とりあえず肉を焼いてみましょう。焼いているあいだに、冷蔵庫の中身と相談。あとから「なにをのっける?」で切り抜ける《トッピング作戦》です。玉ねぎがあったら、すりおろして醬油＋みりんをレンジ加熱すれば甘辛ソースに。トマトときゅうりがあったら、酢とオリーブオイルと混ぜてさっぱりサルサソースに。同じ考え方で「蒸してからなにのっける?」「茹でてからなにのっける?」というのもアリです。

考え方 10

しらすやカツオ節も、立派な魚です

魚料理を作ろうと思っても、欲しい魚が手に入らないってことよくありますよね？　スーパーの魚売り場は、どこもエリアが年々縮小され、生魚の取り扱いも減っているように思います。小さなお子さんにとって食べやすい魚（鮭、ブリ、鰆、タラなど）の旬はほとんどが冬なので、夏場は特に困るかもしれません。

ですが、ちりめんやしらす、カツオ節も立派な魚です。ほうれん草のお浸しにたっぷりしらすを混ぜたり、オクラをおかかで和えたり、魚を主菜にできなくてもこまめに摂る考え方にシフトしてみてください。あとは、スーパーなどで下処理してくれるサービスも上手く利用して。アジやイワシなど、扱いやすく子どもが食べてくれそうな魚を見つけたらまとめて三枚おろしにしてもらい、冷凍しておくのもひとつの手ですね。

考え方 11

魚も「トッピング作戦」で使いこなす

そもそも魚ってどうやって調理していいのかわからない、「塩焼き」か「煮付け」の2択しかありません、という声をよく聞きます。ですが、魚だって肉と同じです。とりあえず焼いて、あとから「なにをのっける?」の《トッピング作戦》で十分美味しくなるし、バリエーションはいくらでも作り出せます。なにも難しいことはありません。4章の〈いざ、作ってみるなら〉でのアレンジ例を参考に試してみてください。

アジの焼くだけレシピ ⟶ P.108

考え方 12

ストック必須の「サバの水煮缶」

魚料理に苦戦している方へ、特に使っていただきたいのがサバの水煮缶です。最近は国産のサバを使っているものが多く、臭みはほとんどありません。身も分厚い。骨があっても取り除くのが簡単。和食にも洋食にもアレンジがしやすいうえに常温でストックがきくので、鮮魚が見つからなかったときや「今週は一度も魚料理作っていないかも……」というときにもすぐに使えるので便利です。オイル煮にしたものもありますが、水煮のほうが子どもに与えやすく、調理したときにもさっぱりと仕上がるのでおすすめです。

サバ缶レシピ ⟶ P.106

美味しい

考え方 13

子どもは野菜だけでは大きくなりません

子育て中の方で「うちの子は野菜を食べてくれない」「どうしたら野菜を食べてくれるの?」と深く気にされている方がいますが、まず忘れてはいけないのは〝子どもは野菜だけでは大きくならない〟ということ。もちろん、野菜に含まれるビタミンや食物繊維は成長のために大事なもののひとつですが、同じように脂質やタンパク質も大切です。量ではなく、バランスが重要。私がパリで料理修業をしていたとき、「なぜ日本人は、朝からあんなに野菜を食べようとするんだ?」と言われたことがありますが、日本人はどうも「野菜神話」に惑わされる傾向にあるようです。フランスでは実は、そういった食事の内容よりも、全員の食事が終わるまで座っていることのほうが大切。子どもであっても、ちゃんと座っていられないなら食べないでよろしい、出て行ってOKというのが教育の基本です。お国が変われば考え方も変わる。だから、あまり神経質にならず、必要な栄養素は、1日ごとではなく1週間単位くらいで考えて。それでもどうしても子どもには野菜を毎日たくさん摂ってもらいたい、というのであれば、「野菜=ビタミン・ミネラル+食物繊維」と考えて、代替品をいくつか知っておくと安心かもしれませんね。野菜を食べないときはフルーツを、それもダメならジュースでも、というように。自分の中で着地点を見出しておくことも大事だと思います。

「野菜神話」をもっと疑え!

朝食は、逆に〝バラさない〟

我が家の朝食は「白米になにかをのせて食べる」か「パンになにかをのせて食べる」かの、ほぼ2択でした。あれこれ考えなくても、ひと口食べれば栄養がいっぺんにおなかに入るからです。中でも登場回数が多かったのが、目玉焼きを白米にのせた、その名も「お日様ごはん」。前日の残りのひじき煮も一緒にのせれば、立派な丼に。ひじき煮は味が染み込んでいるので、わざわざ炊き込まなくても、混ぜながら食べるだけで十分美味しいのです。何種もの野菜が入ったサラダやヨーグルトなどを盛ったモーニングプレートや、温泉旅館のようなきちんとした朝食を理想にしがちですが、完璧な栄養バランスより「食べて出かける」ことこそが大切。**栄養素の過不足は1週間くらいの単位で考えてバランスが取れていれば問題ありません**。それでも心配なら、糖質、タンパク質、脂質、この3つが入っているかだけを確認して、加えて1種でいいから野菜かフルーツでビタミンを摂取する。その程度でいいんです。朝食にこだわる努力よりも、**お母さんもしっかりと朝ごはんを食べることの**ほうが大事です。

コラム

3分あったら、だしをとろう

ご自分のごはん、ないがしろにしていませんか？

朝は、家族が残したものを立ったままかき込んで、ひとりのときの昼食は納豆ごはんかカップラーメン、夜も結局残りものをつまんで終了……。子どもや夫にはちゃんと食べさせているのに、自分のものは適当、という人が多く見受けられますが、それは**明日からやめてください！** つい自分のことは後回しになってしまう状況は痛いほどわかりますが、家族の健康は母の健康があってこそ。子どもと同じようにバランスを考えた食事が大切です。

とはいえ、食べる時間も作る時間もなかなか取れないとき、〝だし茶漬け〟はいかがでしょうか。だしは鍋を使わなくても、**耐熱容器と茶こし**、**パックのカツオ節だけ**で美味しいだしをとることができます。具材は鮭フレークや海苔などお好みで。とったばかりの一番だしは、透き通った味わいで、心と体を落ち着かせてくれます。3分あったらカップラーメンではなく、ぜひだしを。お茶漬けを食べているあいだくらい、ちゃんと座ってくださいね。その一息がそのあとの元気の源ですよ。

2章

料理に煩わされないための小ワザ

小ワザ 1

おまじないみたいな塩はいらない！「1％弱」の塩加減を厳守せよ

POINT

パスタを茹でるとき、水の量に対して「1%弱」の塩が必須、という話をしましたが、鍋の容量をあらかじめ知っていると、その塩が一体何gになるのかすぐに割り出すことができます。よく使う鍋だけでも把握しておくようにしましょう。

野菜やパスタを茹でるとき、指先でひとつまみしただけの塩をパラパラ〜ッと入れているのをよく見かけます。それはまるで、何かのおまじないのように……。はっきりお伝えしますが、そのような塩はほとんど意味がありません！ 入れていないのと同じです。

そもそも、日本人は味噌や醤油を使う和食に慣れているので〝塩で味を決める〟ということが苦手、という説もありますが、塩を恐れることなかれ。素材の味を生かしてシンプルな料理を味わうためにも、塩加減は重要なカギなのです。

基本は、水に対して塩は1％弱。水が1ℓだったら、塩は約8g（小さじ2弱）です。それを下回ってしまうと野菜にもパスタにも下味がつきません。一度、1％弱をしっかり計量して味見してみてください。想像以上に塩辛くて驚くかもしれませんが、それが適量。特にパスタの場合、この量を守らないと味のしない粉っぽいパスタだけが悪目立ちして、ソースや具材との一体感が生まれません。モチモチのアルデンテを作るためにも、この塩加減が大切です。野菜を茹でる際の塩も、色味を鮮やかにするという目的もありますが、ここでしっかり塩味をつけておくことで、あとから足す調味料を少なくできるというメリットもあります。

小ワザ 2

調理は単純でもいい。下味こそが味の柱

肉や魚を焼くとき、塩できちんと「下味」をつけていますか？　仕上げの味付けで帳尻を合わせようとしても、実は、そう簡単にはいきません。肉も魚も一旦火が入ってしまうと、味はどんどんつきにくくなりますし、あとから足す味付けともなかなか馴染んでくれないのです。あれこれ味付けを調整し、味見を繰り返しているうちに硬くなったり焦げてしまったりと、失敗の原因にもなりかねません。肉は、基本的に塩をしてすぐ調理でＯＫ。魚の場合は、はじめに多め（材料の３〜５％が目安）に塩をすりこみ５〜10分置き、さっと洗い流し、水けをふくと味付けにプラスして生臭さもとれます。下味は、肉を塩と胡椒で焼くだけ、魚を塩焼きにするだけの、シンプルな料理を美味しくする必勝法なのです。魚全般、鶏モモ肉、豚肩ロースは、〝仕込み置き〟として出掛ける前にあらかじめ１％弱の塩をしておいてもＯＫ。帰宅したらあとは焼くだけ。時短にもなりますね。

小ワザ 3

「蒸す」という選択肢を、忘れていませんか？

蒸し料理というと、せいろや蒸し器が必要だったり、飲茶などの中華料理、茶碗蒸しなどのイメージがありますが、いつもは炒めたり、煮込んでいたようなメニューもフライパンの中で少量の水で〝蒸す〟ことで、実はもっと簡単に、もっと美味しくなります。名付けて「フライパン蒸し」。フランスでは「エチュベ」と呼ばれるもので、加える水分が蒸気となり、野菜を包むことで、野菜本来の水分を損なうことなくみずみずしく仕上がります。また、蒸しながら火を通すので、栄養が逃げず素材の旨みも引き出すことができます。

小ワザ 4

せいろはいらない。蓋つきフライパンで蒸せばいい

エチュベ（フライパン蒸し）は、最近日本でもヘルシーな調理法として注目されていますが、私は、忙しいうえに失敗がなかなか許されない子育て中の人にこそ、ぜひ取り入れてほしいと思っています。

それは、小さな子どもが食べてくれない2大原因「パサつき」と「硬い」を、同時にクリアしてくれるうえに、フライパンに付きっきりになる必要がないからです。

まず、フライパンにオイルを入れて、素材と水を⅓カップほど入れて塩をふる。そのあとは蓋をして火にかけ、素材に火が通るまで〝ほったらかし〟。最後に味を調えるというのが基本パターンです。蓋をすることで蒸気が全体に行き渡るので菜箸で転がしたり裏返す必要もありません。〝ほったらかし〟にしているあいだに他の料理を作ったり、洗い物を済ませることもできて効率的。蒸す段階でちゃんと火が通っているので、ちょっと香ばしく仕上げたいときも安心して焼き色をつけることができます。つまり、フライパン蒸しは失敗の少ない調理法で、かつ、素材の旨みを引き出し美味しく仕上げてくれる調理法なのです。いつものフライパンで蒸し料理。有機栽培の野菜や高価な肉でなくとも、調理法を変えるだけで素材の味が際立ち、ぐっと美味しくなりますよ。

MEMO

フランスの家庭料理では、肉や魚の主菜にエチュベした野菜をたっぷり添えて食べるのが基本の献立。スープを作るときにもまずはエチュベ。少量の水で蒸し煮にすることで野菜はえぐみや苦味が飛び、甘く優しい味わいに。水を入れて煮ると塩、胡椒だけで美味しいスープになります。

フライパン蒸し④のレシピ ⟶ P.92

小ワザ 5

慌てず、失敗しないためのコールドスタートという手段

コールドスタートとは、油をひいたフライパンに食材を入れてから火をつける調理法。「よく熱したフライパンに、油をひいて、食材を投入」。かつてはこれが調理の常識でしたが、これからは青菜以外のものはすべてコールドスタートでいいと思います。例えば魚をフライパン焼きするとき。コールドスタートでじっくり焼くと皮はパリッと焼き固まり、身はふっくら。生姜焼きの豚肉などもちゃんと広げる余裕も生まれ、慌てずにできるのがいいですよね。

そのとき重要なのは、火を通しているあいだはあまり触らない、ということです。鍋を振ってみたり、調味料を入れてみたりしても、余計な水分が出てしまいコンロのまわりも油まみれになってしまうだけです。

フライパンに入れたら、しばらく触らない！が大事

最近のフライパンは、ほとんどがコーティングしてあるので、熱しておかなくても材料がくっついてしまうことはありません。道具を信じて、フライパンに任せてみて。じっくり火を通しているあいだにもう一品作ってしまいましょう。

POINT

ただし、青菜は熱したフライパンで炒める。例えば小松菜をシャキッと炒めるには、まず根元に切り込みを入れて20分ほど浸水。茎と葉に分けて切り、水分をしっかりとふく。フライパンに生姜、ごま油、塩を入れて強火で熱し、茎を最初に入れ、その上に葉部分をのせる。フライ返しを使い表と裏を数回ひっくり返すように焼く。1分ほど炒めて、仕上がりイメージよりもちょっと手前くらいで皿に盛ると、余熱でちょうどいい具合に。

小ワザ 6

野菜炒めの新ルール！オイルと塩は、先に入れるが鉄則

野菜炒めを作るとき、これからは、まずフライパンに油を入れて、次に塩、そして材料を入れてから火をつけてください。小学校や中学校の家庭科で習ったものとは違うと思いますが、油と塩を最初に合わせることで塩が油でコーティングされ、炒め物がベチャベチャになることを防ぎます。また、野菜の色味もそのほうが鮮やかに仕上がります。また、最初にある程度味付けをしておくことで、「味付けで右往左往しているあいだに、火が通りすぎてフニャフニャに……」なんてこともありません。炒め物は素早くできるので、忙しいときは特に頼りがちになりますが、このコツさえ知っておけば、シンプルな野菜炒めがとびきり美味しいごちそうになります。

小ワザ 7

茹で野菜は〝余熱で火を通す〟

「炒める」「焼く」「蒸す」に比べると簡単だと思われがちな「茹でる」。でも、オクラはいつも茹ですぎてグニャッとしてしまい、ブロッコリーも同様で歯ごたえゼロ、逆にトウモロコシはいつも硬すぎるなど、意外と成功率の低いのが「茹でる」ではないでしょうか。絶妙な加減で茹でることのできた野菜は、塩やポン酢をかけるだけで立派な一品になるのですが、細かく時間を測ってもいられないし、厄介ですよね。

「茹でる」を失敗してしまう人の傾向としては、「陸上《おかあ》げを計算できていない」というのがまず言えると思います。陸上げとは、茹でた食材をザルに上げておく時間のこと。この陸上げのあいだにも余熱でどんどん火が通るのですが、それを見落としていて、鍋の中の茹で加減だけで判断してしまうのが失敗のもとなのです。次のページで代表的な野菜の茹で時間を整理してみましたが、その時間は意外と短く感じるのではないでしょうか。

小ワザ 8

ブロッコリーもアスパラも30秒！常用野菜の茹で時間は暗記を

家庭料理でよく使う野菜の茹で時間を整理してみました。陸上げを想定すると、茹で時間はこんなに短いのです。毎日のように使う野菜ばかりですので、暗記するかメモ書きをキッチンに貼っておいて。茹でるだけの料理がぐっと格上げされます。

茹で時間早見表

30秒程度	ブロッコリー、アスパラガス、オクラ、小松菜、チンゲンサイ
1分程度	スナップエンドウ、カリフラワー、ソラマメ パプリカ
それ以上	インゲン（2分）、枝豆（3分）、トウモロコシ（10分）

※湯が十分に沸騰してから適量を入れ茹でる時間の目安
※野菜の個体差によって茹で時間は多少異なります

コラム

とろみづけは、片栗粉だけでなくじゃがいもでもできる！

子どもってとろみがついたものが好きですよね。そのままだと食べてくれない焼き魚も、野菜を刻んであんかけを作ると急に食べてくれたり、煮物類もそぼろあんかけにすると進んで食べてくれました。

とろみをつける食材と言えば真っ先に片栗粉が浮かびますが、すりおろしたじゃがいもも同じように使うことができます。じゃがいもに含まれるでんぷん質がとろみを生み出してくれるのです。片栗粉って、肝心なときに切らしてしまいがちですが、そんなときも慌てないで。じゃがいもは皮をむき、おろし金でおろせばそのまま使えます。4人分のクリームシチューだと、だいたい½個が目安。優しい味に仕上がるので、片栗粉があるときでも私はあえてじゃがいもでとろみをつけたりします。

即興サラダは先にオイル、あとから塩と酢を

ときどき急に、山盛りのサラダをわしゃわしゃ食べたくなったりしませんか？　私はそんなとき、冷蔵庫中の野菜を総動員して、ほぼ自分のためだけに即興的なサラダを作ります。ボウルにたっぷりの野菜やハム、チーズなどを合わせて入れたら、次に調味料を入れていきます。ポイントは先にオイルを入れることです。そうすることで野菜がオイルコーティングされ、塩によって野菜の水分が出てきてベチャベチャになることを防いでくれます。オイルのあと、塩と酢を入れもう一度混ぜます。ボトルドレッシングを使うより調味料がからんだ野菜はずっと美味しく、子どもの世話に追われてすぐに食べられなくてもベチャッと悲しいサラダになりません。

小ワザ 9

唐揚げは、最強の時短料理だ！

慌てて帰宅して、1分でも早く夕飯を並べないといけないとき。冷蔵庫に鶏モモ肉があったら、迷わず唐揚げを作ってください。ありえない！と思うかもしれませんが、着替える暇もなく、汗をふく余裕もなく急いで作った料理、それを食べてくれないのが一番悲しいですよね。そんなとき、子どもにとっては（夫にとっても？）いつだってごちそうである唐揚げが素早く、しかも美味しく作れたら自分も家族も万々歳なはず。私が紹介する作り方なら、漬けおきなしのポリ袋ひとつで準備完了。15分もあれば完成です。あっという間にできて家族が喜んでくれる唐揚げは、やっぱり最強の時短料理だと私は思っています。

漬けおかない唐揚げ ⟶ P.120

「揚げ物って大変」「洗い物が面倒くさい」、そんな声もたくさん聞かれますが、**卵を使用するこの作り方だと、卵がつなぎ役となって衣をまとめてくれるので油の中で粉が散らばらず、油が汚れにくいというメリットがあります**。ですので、残った油はオイルポットなどに移してキッチンペーパーで鍋を拭けば、あとは他のものと一緒に洗えばＯＫ。また、卵入りの衣はベチャッとならないので、帰宅時間が異なって家族揃って食べられないときや、運動会のときにも断然おすすめです。

子どもができると、否応なしに作ることになる唐揚げ。私も双子の息子たちが食べ盛りの頃は、１回に１kgは当たり前。子どもが成人するまで、いったい何kgの唐揚げを揚げてきたのでしょうか……(笑)。子どもが好きな定番メニューこそ、美味しく作れるようになりたいですよね。まずは、時短でできて美味しい、かつ自分もラクできる基本の作り方を身につけてください。

小ワザ 10

揚げ物の苦手意識は、春巻きで克服

揚げ物って「油がはねるかもしれない……」と心配ですか？　それなら、なんでも春巻きの皮に巻いてしまう、というのはどうでしょうか。春雨、筍、豚こま肉、それだけが春巻きの具材ではありません。冷蔵庫の端野菜も、かき集めて春巻きにすれば立派な主菜に。油は少なめの〝半身浴〟で済むのも嬉しいポイント。それに、小さな子どもは春巻きにすると手づかみでパクパクと食べてくれますよね。具材がバラバラでも「わたしのはチーズが入ってた！」「ぼくのはアスパラ！」と、クジ引き感覚で喜んでくれます。小さなことかもしれませんが、子育て中の人にとってはそんなことも大事ですね。実践編では、より水分の出にくい具材でおすすめの組み合わせをご紹介しています。

なんでも包める春巻き ⟶ P.113

小ワザ 11

野菜好きへの近道は、断然揚げ物です！

揚げ物は高カロリー、ましてやフライドポテトなんて……と思っている方。本当にそうでしょうか。自分で作るフライドポテトなら、じゃがいもを大きくカットすれば、油に接する面積はごくわずか。内側はホクホクに蒸された状態で、揚げ物というより、むしろ蒸し料理。油は野菜のえぐみをマスキングしてくれるので、旨みが増して美味しくなります。

自家製厚切りフライドポテトは、むしろ蒸し料理

そもそも3大栄養素というのは、「糖質、タンパク質、野菜」ではなく「糖質、タンパク質、脂質」。つまり脂質は重要な要素のひとつなので、油を使った料理を避けすぎるのもよくありません。きれいな油を怖がらず揚げ物を味方につけると、大人も子どもも、もっと野菜が好きになるような気がします。我が家の息子も、なすが食べられるようになったのは揚げ物がきっかけでした。苦手な野菜を細かく刻み、何かに混ぜ込んでダマして食べさせるより〝美味しい〟とわかったほうが、ちゃんと克服できますよね。ですので、フライドポテトを作るときは、ぜひ一緒にごぼうやにんじん、れんこん、さつまいもなど、いろいろな野菜を揚げてみてください。

POINT

コールドスタートなので、じゃがいもの水分を丁寧にふきとらずとも油がはねる心配もなく、一度にたくさんの量を揚げることができます。

揚げ野菜 ⟶ P.100

皮付きのまま（$\frac{1}{4}$〜$\frac{1}{6}$大に）くし切りにしたじゃがいもを鍋に入れて、かぶるくらいの油を注ぐ。中火にかけて、油の表面がフツフツしてきたら菜箸で全体を混ぜる。その後しばらくは触らず、じゃがいもの表面がからりとしてきたら再度菜箸で全体を絶えず混ぜながら揚げる。10分ほどしてきつね色になったら完成。油を切って好みで塩、胡椒を。

小ワザ 12

野菜の切り方は、自分で決めていい！

野菜の切り方はメニューによって異なりますが、それは単に食べやすいからとか、他の素材と合わせて火の通りを均一にするために決められているわけではありません。野菜は切り方によって、想像以上に味わいが変化します。例えばにんじんの場合。乱切りにすると、根菜らしいホクホク感を味わえます。短冊切りなど繊維に沿って縦に切ると、シャキシャキとしてみずみずしさをより感じられます。さっぱり食べたいならピーラーで薄切りに。汁物で柔らかく食べるにはイチョウ切り……と、にんじんだけでも選択肢がいくつもあります。豚汁を作るときのにんじんはイチョウ切りにすることが多いかもしれませんが、美味しそうなにんじんが手に入ったときなど主役として立たせたいときは乱切りにしたっていいのです。にんじんのラペも、レシピ本や自分の定番に縛られることなく、作る前に「今日はどんなふうに食べようかな？」と一瞬立ち止まってみてください。お馴染みのメニューにも変化が生まれて、楽しくなるものです。

乱切り

短冊切り

ピーラーで薄切り

細切り

小ワザ 13

だからもう、みじん切りはやめよう

野菜嫌いのお子さんを持つ方は、何とか食べてもらおうとにんじんやピーマンなど苦手な野菜をみじん切りにして、いろいろなものに混ぜ込んでいますが、実は野菜の角切りほど火が通りにくいものはなく、丸ごと飲み込んでしまって噛む練習にならない、というデメリットがあります。頑張ってみじん切りにしても、それだけをチマチマ取り除いて食べたり、「ぜんぶにんじんの味がする！」と言って丸ごと食べてもらえなかったりもしますよね。それで結局、野菜嫌いを克服できないまま……。

「だからもう、みじん切りはやめよう！」「代わりに、すりおろしませんか？」というのが私からの提案です。左の写真は、にんじんの炊き込みピラフですが、すりおろすことでにんじんの甘みが増して、炒めたり煮込んだりするのとはまた違った味わいがあります。ケチャップやバターを少し足してみてもいいでしょう。ハンバーグやキーマカレーにすりおろして入れるのもおすすめです。大根をすりおろしてみぞれ汁に、じゃがいもをすりおろしてとろみづけに。カレーの玉ねぎもすりおろして加えると炒めたときよりも甘みのある味に。野菜を〝すりおろす〟という選択肢、いかがでしょうか？

POINT

洗った米２合に、すりおろしたにんじん（１本）、ソーセージ（５本）、コーン（½缶）、バター（10g）、塩、胡椒（各適量）を入れ、水を通常の目盛まで入れて炊飯する。味が足りないように感じたら、ケチャップを入れても。にんじんが苦手なお子さんでもバターとコーンの風味で美味しく食べられます。オムライスにするのもおすすめ。

小ワザ 14

「大きく調理して、食べるときに小さくする」という考え方

そもそも、素材を小さく切って調理したがるのは、日本人特有の気質なような気がします。欧米人、特に私が修業していたフランスでは、何でも丸ごとが大好き。それは、ナイフとフォークを使って食べる文化が下敷きにあってのことですが、私はもっとそれをマネしたいし、できるだけ取り入れるようにしています。肉も野菜も魚も丸ごと調理するほうが切る手間が省けるので楽ちん、というのがまずありますが、やはり丸ごと焼いたり、蒸したほうが素材の味がギュッと閉じ込められ美味しくなります。根菜類だったら、とりあえず丸ごとグリルしておけば、その日でも翌日でもメニューに沿って必要なぶんだけ使うことができる。下ごしらえとして相当な時短になりますよね。

ナイフとフォークで食べなさい、とは言いません。丸ごとならではの美味しさと、大きいままドーンとテーブルに出すダイナミックさを味わい、ひとりで丸ごと食べたり、家族で〝分け合って食べる〟という楽しみを、ぜひ日常に取り入れていただけたらと思っています。

堺刀司
QUALITÉ EXTRA TRAVAIL

3章

助けてくれる道具

道具 1

鉄より テフロンのフライパンと仲良くなろう

使い込んでずっしりと年季の出てきた鉄のフライパン。油も染み込みツヤが出てきたもので肉を焼いたり、目玉焼きを焼いたり……。そんなふうに道具を使いこなしたい気持ち、すごくよくわかります。毎日使うものだからこそいいものを揃えたい、という思いもありますよね。

しかし、皆さんご存じのとおり、鉄のフライパンを使って上手に焼き上げるのはかなり難しいものです。繊細な火加減が必須で、油が染み込み使いやすくなるには時間も必要。料理を生業にする私でも、鉄のフライパンを家庭で日常的に使うようになったのは、子育てが落ち着いた頃からでした。子育て中の家庭料理には、テフロンのフライパンが最適だと思っています。最近のテフロンはとても優秀で、熱伝導もよく、焼き目がしっかりつくのに焦げつきにくい。深さは5㎝程度あれば焼く、蒸す、煮るがすべて可能なので、いくつも持っておく必要もありません。

私は蓋つきで使いやすい26㎝のフライパンのほか、20～22㎝の蓋つきの鍋を煮込み料理用に、15～18㎝の片手鍋はささっと味噌汁やソースを作ったりするのに使います。この3つはスタメン鍋として常にスタンバイしています。

LE CREUSET

道具 2

待てない子どもとは、ホットプレートで〝作りながら食べる〟

POINT

ホットプレートは便利ですが、もちろん火傷の危険性もあります。危ないものであることをしっかりと説明すれば、3歳頃からはしっかり理解できます。与えないより、ちゃんと使い方を教えることも大事だと私は考えます。

双子の息子たちがまだ幼かった頃、ホットプレートはキッチンのすぐ取り出せるところに常備していました。多いときで週に2～3回は登場。幼稚園や小学校から帰ってくると、すぐに「おなか空いた！」「早くー！」を連呼……。子どもって本当に待てないですよね。

そんなときは〝作ってから食べる〟のではなく、ホットプレートを使って〝作りながら食べる〟作戦です。例えば、ホットプレートの半分で野菜などを焼いて食べさせながら、もう半分でチャーハンを作る。にら玉炒めを作りつつ、横で肉を焼くなど。さらに、お手伝いをしてもらうにも、ホットプレートのほうがテーブルの上でできるのでラクかもしれません。ホットプレートは、とにかく待てない子どもを静かにさせる最高の道具と言えそうです。

道具 3

料理に苦手意識がある人こそオーブンを覚えよう

POINT

オーブンのいいところは、いくつかの料理を一緒に加熱できること。グラタンの横に、ホイルで包んだ野菜を入れておけば、副菜の一品や翌日の下ごしらえにもなります。

皆さんは普段、オーブンレンジのオーブン機能やオーブンをどのくらい使っていますか？　私は、料理に苦手意識がある人こそオーブンを使ってほしいと思いますし、下ごしらえにもどんどん利用するべきだと考えています。電子レンジで加熱すると硬くなりがちな根菜類も、オーブンでグリルするとしっとりとジューシーに火が通ります。それに、オーブン料理は時間がかかると思われがちですが、重ね焼きや肉のグリルなどは材料を切るだけの下ごしらえで、一度オーブンに入れてしまえば、あとは基本的にほったらかし。鍋でコトコト煮物を作るよりは断然ラクで、失敗もしにくいのです。いまは、便利な調理器具がたくさん出ていますが、買い足すなら断然オーブンですよ。

揚げるだけ&オーブンに入れるだけ③のレシピ → P.98

4章

いざ、作ってみるなら

フライパン蒸し④のレシピ

素材のパサつきを防いで旨みを引き出し、さらにはほったらかしにできる調理法「フライパン蒸し（エチュベ）」。お馴染みのポトフも、大量の水でコトコト煮るのではなく、実はフライパン蒸し煮がおすすめです。時短になるだけでなく、鶏肉は硬くならず、根菜はしっとりと甘く仕上がるからです。「なすと豚肉のエチュベ」も最初に蒸して火を通してあるので、味付けも焼き加減も落ち着いて調整できるのがフライパン蒸しのメリット。

フライパン蒸し

レシピ
1 アスパラガス、スナップエンドウと鶏モモ肉のガーリックエチュベ

先にオイルを少々使うことで
余計な水分が出ず、色も鮮やかに

材料〈3人分〉
アスパラガス…1束
スナップエンドウ…12本
鶏モモ肉…大1枚(350g程度)
にんにく…1かけ
塩、胡椒…各適量
オリーブ油…大さじ1

❶ アスパラガスは根元の硬い部分をピーラーでむき、2～3等分に切る。スナップエンドウは筋を取っておく。鶏肉は一口大に切り、塩、胡椒をすりこんでおく。にんにくは薄切りにする。
❷ フライパンにオリーブ油をひき、にんにく、鶏肉を入れ、水1/3カップ(分量外)を加えて蓋をし、中火にかける。
❸ 3分ほど加熱したら蓋を取り、野菜を入れて蓋をし、さらに2分ほど蒸し煮にする(途中水けがなくなってきたら水を足すこと)。
❹ 蓋を取り全体を混ぜ、塩、胡椒で味を調える。

POINT
野菜はキャベツやズッキーニ、きのこ類など、季節に合わせて

レシピ

② なすと豚肉のエチュベ(味噌風味)

蒸す段階で火が通っているので
安心して焼き加減も味も調整できる

材料〈3人分〉

なす…3～4本(350g程度)
豚薄切り肉(肩ロースなど)…250g
ごま油…大さじ1
味噌…大さじ1
砂糖…大さじ½
みりん…大さじ1

❶ なすは輪切りにして水に5分ほどつけ、水けを切る。豚肉は一口大になるように折りたたむ。調味料は合わせておく。

❷ フライパンにごま油となすを入れ全体を混ぜ、さらに豚肉を入れ、水⅓カップ(分量外)を加えて蓋をし、中火にかける。4分ほど加熱し、蓋を取り水分がなくなったら、なすと豚肉に軽く焼き色がつくまで焼く。仕上げに合わせた調味料を加えからめる。

POINT

大人はお好みで七味唐辛子や、山椒をふっても

レシピ

③ キャベツと鮭のバターエチュベ

硬くなりがちな生鮭も
野菜の水分と旨みでしっとり

材料〈3人分〉

キャベツ…400g
エリンギ…1パック
生鮭…3～4切れ
塩、胡椒…各適量
バター…15g

❶ キャベツはざく切りに、エリンギは斜め切りにする。鮭は、塩小さじ1(分量外)をすりこみ5分ほど置いて、水洗いし、キッチンペーパーで水分をふき、大きい場合は半分に切っておく。

❷ フライパンにキャベツ、エリンギを入れ軽く塩、胡椒をし、その上に鮭とバターをのせる。水½カップ(分量外)を加え蓋をし中火にかける。5分ほど加熱し、蓋を取り鮭を取り出す。キャベツとエリンギを混ぜ合わせ、軽く水分を煮詰めて塩、胡椒で味を調え、鮭とともに器に盛る。好みでバター適量(分量外)をのせる。

レシピ

④ エチュベ風クイックポトフ

野菜のえぐみや苦味が
出るのも防いでくれます

材料〈3人分〉

じゃがいも…2個(150g程度)
玉ねぎ…2個
にんじん…小1本
キャベツ…250g
にんにく…1かけ
ソーセージ…4本程度
鶏モモ肉…1枚(300g程度)
ローリエ(あれば)…1枚
水…1カップ
バター…10g
塩、胡椒…各適量
※お好みで固形スープの素を入れても

❶ じゃがいもは皮をむき、2等分に切る。玉ねぎはくし形に切る。にんじんは乱切りに、にんにくは薄切りにし、キャベツはくし形に切る。鶏肉は食べやすい大きさに切り、塩小さじ½(分量外)をすりこんでおく。
❷ フライパンに①と水、バター、ローリエを入れて中火にかける。
❸ 沸騰したら蓋をして火を弱め、10分を目安にじゃがいもに串が通るまで加熱する。蓋を取り、ソーセージを入れて再度蓋をし、温まるまで加熱し、塩、胡椒で味を調える。

揚げるだけ＆オーブンに入れるだけ ③のレシピ

毎日のごはん作りは「いかに美味しくできるか」ということと同じくらい、「いかに早くできるか」「いかに効率よくできるか」も大事ですよね。そういう意味で、揚げ物とオーブン料理は、料理の〝時間〟をよりコントロールできるようになるための重要な調理法です。揚げ物は素材を最短で美味しくしてくれますし、オーブン料理は時間を要しますが、付きっきりにならなくていいので他のメニューと同時進行できたり、隙間時間を有効に使えます。

揚げるだけで

具材例（素揚げ）

じゃがいも、さつまいも、ごぼう、大ぶりに切ったれんこんなど

野菜を食べやすく切って揚げ鍋に入れ、かぶる程度の油を入れる。中火にかけそのまま5分ほど触らずに揚げ続ける。野菜の表面がからりとしてきたら菜箸で混ぜながら全体にきれいな揚げ色がつくまでさらに揚げる。油を切り、塩で味を調える。

具材例（フリット）

大根、かぼちゃ、にんじん、薄く切ったれんこんなど

小麦粉に塩をひとつまみ入れる。この中に強炭酸水を入れ、柔らかめのホットケーキ生地くらいの硬さにする。切った野菜に生地をつけ、180℃程度の少し高めの揚げ油でからりとなるまで揚げる。

具材例（唐揚げ）

パプリカ、アスパラガス、ゴーヤ、スナップエンドウなど

切った野菜と小麦粉適量をポリ袋に入れて全体を振り混ぜ、野菜に粉をつける。180℃程度の少し高めの揚げ油で、からりとなるまで揚げる。

レシピ 1　揚げ野菜

揚げたら何でも美味しくなる!?
他の野菜も併せて揚げてカラフルに

オーブンに入れるだけで

②《レシピ》 野菜のロースト

サラダに使ったり
主菜のサイドディッシュに

具材例

**じゃがいも、にんじん、玉ねぎ、
長芋、さつまいも、かぼちゃなど**

野菜は洗って(にんじん、長芋、かぼちゃは大きめに切る、じゃがいも、玉ねぎ、さつまいもなどは丸ごとでも)ホイルで包み、180℃のオーブンで串が通るまで焼く(20～30分程度が目安)。

レシピ

③ 残りパンキッシュ

パンが1枚だけ残ってしまった
ときの、救済レシピ

材料〈作りやすい分量〉

食パン…8枚切り1枚
（6枚切り⅔枚程度、
トーストしたものでも）
ブロッコリー…3房
ソーセージ…2本
卵…1個
牛乳…1カップ
塩…小さじ¼
胡椒…適量

❶ 食パンは角切り（9等分程度）にする。ブロッコリーは半分に切りさっと茹でる。ソーセージは食べやすく切る。

❷ 卵を溶きほぐし、塩、胡椒、牛乳を入れて混ぜる。

❸ 耐熱皿に①を入れて②を全体に回しかけ、パンがしっかり卵液を吸うまで15分～1時間ほど置く。

❹ 170℃のオーブントースターまたは、オーブンで15～20分焼く。

POINT

冷めて硬くなったトーストでもOK

サバ缶やアジで⑥のレシピ

魚料理は塩焼きか煮魚にするかの2パターンで、それ以外のアレンジは面倒くさいうえにハードルが高い……と思われがち。ですが、アジのレシピを見てください。肉を焼いたときに、上にのせたりからめたりするものとほぼ同じです。ここでご紹介する3品以外にも、ねぎ塩ダレやサルサなども合います。難しく考えないで、肉と同じような感覚で思いついたものをのせて試してみてください。サバ缶は、鮮魚が手に入りにくい時期にも頼りになる存在。急な来客時のおつまみとしても重宝します。

サバ缶で

レシピ

1 サバ缶の トマトチーズ焼き

下ごしらえなし。グラタン皿に
重ねて焼くだけのイタリアン

POINT

魚焼きグリルでなら7〜8分。焦げやすいので注意

作り方〈作りやすい分量〉

❶ サバ水煮缶1缶（約200g）の汁けを切り、身を缶からグラタン皿などに出しフォークでつぶす。

❷ 薄切りの玉ねぎ30g、粗く刻んだトマト½個分をのせて、ピザ用チーズ30gをかけ、200℃のオーブントースターで焼き色がつくまで10分ほど焼く。

レシピ 2

サバ缶の カリカリパン粉焼き

青魚の気になる臭みも
チーズとにんにくで解消

作り方〈作りやすい分量〉

❶ サバ水煮缶1缶（約200g）の汁けを切り、身を缶からグラタン皿などに出し、軽くほぐす。
❷ パン粉大さじ4、オリーブ油大さじ2、おろしにんにく小さじ⅓、粉チーズ大さじ1を混ぜたものを全体にふりかけ、200℃のオーブントースターで焼き色がつくまで10分ほど焼く。

POINT

魚焼きグリルでなら7〜8分。焦げやすいので注意

レシピ 3

サバ缶の 揚げ団子

少量の油で揚げ焼き。
おつまみにもぴったり

作り方〈作りやすい分量〉

❶ 海苔は1枚を16等分に切っておく。サバ水煮缶2缶（約400g）は、汁けをしっかり切り、身を缶からボウルに入れる。
❷ サバを手で細かくもみつぶし、味噌小さじ1、刻みねぎ大さじ3、片栗粉大さじ2、小麦粉大さじ2、卵1個を加え十分に混ぜる（ポリ袋を使って混ぜても）。
❸ フライパンに油を1㎝程度入れて中火にかける。②の具を16等分にしてスプーンですくい海苔の端にのせ、たたんだものを、2〜3分かけてこんがり揚げ焼きにする。

焼くだけレシピ

まずは1年を通して手に入るアジで
魚料理の苦手意識を克服

アジで

材料〈3人分〉

アジ…3〜4尾
塩…小さじ1
小麦粉…適量
サラダ油…大さじ½

❶ 三枚におろしたアジに塩をすりこみ5分ほど置く。塩けをさっと洗ってキッチンペーパーで水けをふく。
❷ アジの表面に薄く小麦粉をつける(ポリ袋や、茶こしを使って)。
❸ フライパンにサラダ油をひきアジの皮面を下にして並べて入れ中火にかける。2分ほど触らずそのまま焼き、しっかり焼き色がついたら裏返してさらに1分ほど焼く。

レシピ 4

野菜甘酢あん

にんじん50g、玉ねぎ50g、ピーマン1個を細切りにする。フライパンにごま油(小さじ1)をひき、中火にかける。野菜を加えさっと炒め、水1カップを加えて、野菜が柔らかくなるまで煮る。酢大さじ2、砂糖大さじ1、醤油大さじ1を入れて味を調え、水溶き片栗粉(片栗粉大さじ½、水大さじ1)でとろみをつける。

レシピ
5

刻み野菜入りマヨネーズ

ブロッコリー100gを柔らかく茹でて粗く刻む。ボウルにブロッコリーを入れ、マヨネーズ大さじ3を加え、混ぜ合わせる（ブロッコリーに限らず、野菜は自由に変えて）。

レシピ
6

刻みトマト＋めんつゆ

トマト中２個はへたを取り細かく刻む。ボウルにトマトを入れ、めんつゆ（3倍濃縮）大さじ１～１½、オリーブ油大さじ１を加えて混ぜ合わせる。

食べ飽きない
10のレシピ

この10品は、基本のレシピ。
ご自分のアイデアや
好みの具材に変えるだけで
30にも40にも広がっていく
ネタ元です

レシピ 1 3＋1宝菜

名前にとらわれることなく、ぜひ自由に作っていただきたいのが「八宝菜」ならぬ三宝菜。三菜をベースに我が家ではうずらの卵は必ず入れますが、他は作るときによって具材もさまざま。作るたびに意外な組み合わせを発見できますよ。

レシピ 2 なんでも包める春巻き

冷蔵庫の中で瀕死状態だった野菜も、春巻きの皮に包まれればあっという間に主役に。水分が出にくく、お子さんも喜びそうな具材をいくつかご紹介しますが、あれこれ考えずに包んでみても、〝揚げの力〟で案外なんでも美味しくなります。

レシピ 3 包み要らず餃子

ひだを作らず皮をたたむだけの簡単な餃子。皮をまずたくさん並べ、次に具材を置き、最後に一気にたたんでいくのがコツ。具材の水分が出てくるので、皮に水をつける必要もなし！　れんこんなど水が出にくいものをチョイスしても。

レシピ 4 定番に縛られない、白菜カレー

「ウチって普通のカレーが出てこないよね」なんて子どもたちに言われますが、私はカレーを作るとき、さまざまな具材を入れて楽しんでいます。中でも気に入っているのが白菜。トロッと煮えて意外とさっぱり食べられます。

レシピ 8 漬けおかない唐揚げ

唐揚げというと、漬け込んでおく作り方が主流ですが、実は漬け込むことで味がぼやけたり水分が出てしまってうまく揚がりません。調味料を入れて軽くもんだら即揚げて。帰宅後15分で完成する、誰もが喜ぶ最強の時短料理です。

レシピ 9 ほうれん草とベーコンのドリア

ホワイトソースは手間がかかる。ダマになる。そう思われがちですが、この作り方は最初によく混ぜておくことでダマにもならず、電子レンジであっという間に完成。小分けにして冷凍しておけば、パスタやシチューなどにも使えて便利。

レシピ 10 細かく切らない炊き込みごはん

にんじんも里芋も、大きいまま炊飯器に入れてしまう炊き込みごはん。細かく切る手間が減るだけでなく、根菜類は炊飯器の中で丸ごとスチームされるので、硬くなりにくいのです。さつまいもや鮭なども、ぜひ大きいままで。

レシピ 5 肉じゃがスタイルの肉かぼ・肉さつま

肉じゃがの〝じゃが〟をさつまいもやかぼちゃに変えたアレンジメニュー。じゃがいもに比べて甘みが強いので、子どもウケがいいのはもちろん、作り方は同じでも加える砂糖を控えめにすることができるのも嬉しいところ。

レシピ 6 味噌デミ煮込みハンバーグ

我が家ではハンバーグといえば煮込みハンバーグ。焼きを失敗してパサパサになることもなく、レンジで温め直しても美味しいので、家族が同じ時間にごはんを食べられないときにも便利。翌日はロコモコのようにごはんの上にのせても。

レシピ 7 なんでも卵とじ例えばミネストローネ

卵とじは、味をまろやかにしてまとめてくれるマジック。豆腐や鶏肉だけでなくミネストローネなどのスープも卵でとじるだけで一気に食べごたえが出て、立派な主菜に。スープが余っているときのアレンジとして覚えておくと便利です。

レシピ

① 3＋1宝菜

具材は3～4つで十分！
炒めるよりも野菜の旨みが凝縮

材料〈3人分〉

豚こま肉…200g
白菜…500g(⅓～¼個)
にんじん…⅓本
生姜のみじん切り…小さじ1
中華スープの素…大さじ½
水…250mℓ
塩、胡椒…各適量
水溶き片栗粉
…（片栗粉 小さじ2、水 大さじ1½）
ごま油…大さじ1
茹でうずら卵…6個

❶豚肉は食べやすい大きさに切り、塩少々、胡椒で下味をつけておく。白菜は2cm幅に切る。にんじんは薄めの半月切りにする。
❷フライパンに生姜とごま油を入れ、白菜、にんじんを入れる（長い加熱が必要な具材はここで入れる）。豚肉を広げ、中華スープの素をちらし、水を加え、蓋をして中火にかける。煮立ってきてから5分ほどそのまま蒸し煮にする。蓋を取りうずらの卵を入れ、さらに2～3分ほど煮る（仕上げに入れて大丈夫な具材はここで入れる）。
❸仕上げに塩、胡椒で味を調え、水溶き片栗粉でとろみをつける。

POINT

春は白菜の代わりに
キャベツでも美味しい

レシピ

② なんでも包める春巻き

冷蔵庫整理の定番にしたい
〝半身浴〟の油で揚げる春巻き

具材例

エビコーンはんぺん

材料〈10本分〉

エビ(殻をむいて背ワタを取ったもの)
…120g
はんぺん…大1枚(120g)
ホールコーン…大さじ2
春巻きの皮…10枚
ノリ(小麦粉 大さじ1、水 大さじ1
を混ぜ合わせたもの)

❶ エビは粗く刻んだ後、包丁でねばりが出るまで細かくたたく。ポリ袋にはんぺんを入れ、袋の外からはんぺんを細かくもみつぶす。この中にエビを入れて均一になるまでもみ混ぜる。さらにコーンを混ぜる。
❷ 春巻きの皮に、①の袋をはさみで切りひらき、等分にした具を皮の手前中央にのせ、端をもち、具に重ね、さらに具をくるりと回し、両端を折り込む。残った部分の内側に、ノリを塗り、くるりと巻いてしっかり押さえる。
❸ フライパンに1cm程度油(分量外)を入れ170℃に温める。②を入れ、1分ほどそのまま触らず揚げ、その後裏返し、さらに1分。その後時々転がしながら約1～2分揚げる。

POINT

ギュッと隙間なく包むと
皮がやぶけやすいので注意

具材例

キャベツにら豚

材料〈10本分〉

キャベツ…80g
にら…50g
豚こま肉…200g
オイスターソース…大さじ½
ごま油…小さじ1
春巻きの皮…10枚
ノリ(小麦粉 大さじ1、水 大さじ1を
混ぜ合わせたもの)

❶ キャベツは水けをしっかりペーパーでとり、千切りにする。にらも水けをとり、長さ8cm程度に切る。豚こま肉は細切りにし、オイスターソースとごま油をもみこんでおく。
❷ 以降は、エビコーンはんぺんと同様。

具材例

ささみチーズパプリカ

材料〈10本分〉

ささみ…200g
パプリカ…100g
プロセスチーズ…7個(1個12gのもの)
春巻きの皮…10枚
ノリ(小麦粉 大さじ1、水 大さじ1
を混ぜ合わせたもの)

❶ ささみは筋を取り斜めに細切りにする。パプリカは棒状に切る。チーズは1個を長い棒状に3等分に切る(1個に2本使う)。
❷ 以降は、エビコーンはんぺんと同様。

レシピ

③ 包み要らず餃子

包み方をひと工夫。
パリパリ皮の時短餃子

材料〈3人分〉

豚赤身ひき肉…200g
にら…½束(50g)
れんこん…150g
醤油、オイスターソース…各小さじ2
おろし生姜…大さじ½
餃子の皮…1袋(20～25枚)
ごま油…適量

❶ にらは小口切りに。れんこんは皮をむき、粗みじん切りにする(フードプロセッサーがあれば便利)。
❷ ボウルに具の材料、調味料をすべて入れ、練り混ぜる。
❸ テーブルや作業台にラップを広く敷き、餃子の皮をすべて並べる(このほうが作業が圧倒的に早い)。餃子の皮の中心に棒状に具を置く。両端をたたむように包む(水をつける必要はありません)。
❹ フライパンにごま油をひき、餃子の包み終わりを下にして並べ中火にかける。片面2～3分を目安に両面をこんがり焼く(26㎝のフライパンの場合は2回に分けて焼くとよい)。

レシピ

4 定番に縛られない、白菜カレー

もっと自由に！ 家族が喜ぶ
意外な組み合わせに出合えるかも

材料〈3人分〉

白菜…800g(約½個)
しめじ…1パック
にんにく…1かけ
豚バラ肉薄切り…250g
カレールウ…60～70g
塩、胡椒…各適量
サラダ油…小さじ1

❶ 白菜は、食べやすい大きさに切る。しめじは石づきを取る。にんにくはすりおろしておく。
❷ 豚肉は食べやすい大きさに切り、塩小さじ½、胡椒少々(ともに分量外)、にんにくをすりこんでおく。
❸ 蓋のできる大きめの鍋にサラダ油をひき、白菜としめじを入れる。上に肉をのせ水1カップ(分量外)を加え、蓋をして火にかけ沸騰したら弱火にし、20分煮る。
❹ ③に水1カップ(分量外)を足し、ざっと混ぜ合わせ、さらに5分ほど煮る。火を止めカレールウを割り入れしばらく置き、ルウが溶けたら全体を混ぜる。再度弱火にかけ、とろみがつくまで5分ほど煮て、塩、胡椒で味を調える。

レシピ

5 肉じゃがスタイルの肉かぼ・肉さつま

じゃがいもから、さつまいもや
かぼちゃに変えるだけ

材料〈3人分〉

かぼちゃまたはさつまいも…400g
（かぼちゃ ¼個、さつまいも 中2本）
豚こま肉…150g
玉ねぎ…1個

醤油…大さじ2
みりん…大さじ2
酒…大さじ1½
砂糖…大さじ½

サラダ油…大さじ½

❶ かぼちゃは種を取り大きめの一口大に切る（さつまいもは1㎝幅に切り、大きい場合は半月切りにして水に5分ほどつけ、あく抜きをする）。玉ねぎは5㎜程度の薄切りにする。豚肉は食べやすい大きさに切る。

❷ 蓋のできる鍋にサラダ油をひき中火にかける。かぼちゃ（さつまいも）、玉ねぎを入れ、全体に油が回る程度に炒める。いったん火を止め、上に豚肉を広げ、調味料を回し入れる。

❸ ②に蓋をし中火にかける。鍋が熱くなったら弱火にし8分ほど煮る。蓋を取り全体を混ぜ、かぼちゃ（さつまいも）が柔らかくなるまで煮る（焦げつきそうなら水を少し加える）。仕上げに火を強め、時々返しながら煮汁がほぼなくなるまで煮る。

POINT

肉は牛肉でも
ひき肉でもお好みのものを

レシピ

6 味噌デミ煮込みハンバーグ

煮込みなら時間差家族の
夕ごはんにも即対応

材料〈3人分〉

合いびき肉…400g
にんじん…½本(80g程度)
パン粉…½カップ
卵…1個
塩…小さじ½
胡椒…適量

デミグラスソース缶…1缶
味噌…大さじ1程度
しいたけ…1パック
バター…7g

❶ しいたけは石づきを取り、薄切りにしておく。にんじんはすりおろして(皮がきれいならしっかり洗ってむかずに使っても)、ポリ袋に入れる。この中にパン粉、卵、塩、胡椒を入れて混ぜる。パン粉がふやけたらひき肉を入れ十分に練り混ぜる。

❷ ①の袋をはさみで切りひらき、生地を8等分にして、小さいハンバーグ状に形作る。

❸ フライパンにサラダ油(分量外)をひき、ハンバーグを並べる。中火にかけ蓋をし、フライパンの温度が上がってきた時点から2分焼く。蓋を取り、裏返し、さらに2分焼く。ハンバーグをいったん取り出す。

❹ フライパンの余分な油をふき、バターを入れ中火にかける。溶けてきたらしいたけを加えてさっと炒め、水100㎖(分量外)、デミグラスを入れひと煮立ちさせる。味噌を加えて溶かし、ハンバーグを戻して5分ほど煮る。

POINT

にんじんはすりおろしてカサ増し＆栄養補充に

レシピ

7 なんでも卵とじ 例えばミネストローネ

お肉、豆腐だけでなく
スープだって卵とじに

材料〈3人分〉

玉ねぎ…1個
にんじん…½本(80g程度)
ズッキーニ…小1本
パプリカ…小1個
にんにく…小1かけ
ベーコン…3枚(50g)
トマト缶(ダイスカット)…1缶
卵…3個
オリーブ油…大さじ1
塩、胡椒…各適量

❶ にんにくは薄切りにする。その他の野菜は1cm程度の角切りにする。ベーコンは5mm幅に切る。
❷ 鍋にオリーブ油をひき中火にかける。①の野菜を入れ全体を炒め、水½カップ(分量外)を入れて蓋をし、沸騰したら弱火にして10分蒸し煮にする。
❸ ②の蓋を取り強めの中火にし、トマト缶を加える。2分ほど煮た後、水1½カップ(分量外)を入れ沸騰したら火を弱め、ベーコンを加えて時々混ぜながらさらに10分ほど煮る。仕上げに塩、胡椒で味を調える。
❹ さらに中火にかけ、溶き卵の半量を回し入れる。軽く固まってきたら残りの卵も回し入れ、半熟で火を止めて器に入れる。

POINT

卵とじにすることでトマトの酸味がまろやかに

レシピ

8 漬けおかない唐揚げ

卵入りの衣なら時間が経っても
さっくり＆油を汚さない

材料〈3人分〉

鶏モモ肉（唐揚げ用）…500g
おろしにんにく…小さじ½
おろし生姜…小さじ1
醤油…大さじ2
卵…1個
片栗粉…大さじ3
小麦粉…大さじ2

揚げ油…適量

❶ ボウルに鶏肉、にんにく、生姜、醤油を入れ、鶏肉が調味料を吸うまでよくもみこむ。
❷ ①に卵を入れよく混ぜ、さらに片栗粉と小麦粉を入れ、手でしっかり混ぜる（粉っぽさがなくなり、鶏肉の表面に卵液がからんだ状態になるまで）。
❸ 鍋に揚げ油を3cm程度の深さに注ぎ、170℃に熱して②で作った⅓量の鶏肉を入れる。2分ほど揚げたら、油からいったん取り出して揚げ網に上げ、残り⅓を揚げて取り出し、さらに残り⅓を揚げる。
❹ 取り出しておいた唐揚げ第1弾を再度揚げ鍋に入れ、揚げ色がつくまで2分程度二度揚げにする（最後の1分ほどは全体に揚げ色が均一につくように菜箸で転がしながら揚げる）。第2弾、第3弾も同じように揚げる。

POINT
・油の量は肉の頭が隠れるくらいが目安
・ボウルではなくポリ袋に入れて作ってもOK

レシピ

9 ほうれん草とベーコンのドリア

「粉っぽい」「ダマになる」から卒業！
ホワイトソースをマスター

材料〈3人分〉

ホワイトソース
- バター…40g
- 小麦粉…40g
- 牛乳…2カップ
- 塩、胡椒…各適量

茹でほうれん草（冷凍でも）…100g
ベーコン…3枚
ごはん…300g
ピザ用チーズ…60g

❶ 耐熱のボウルにバターを入れしばらく置き、柔らかくなったら小麦粉を入れてゴムベラなどでなめらかになるまで混ぜる。この中に牛乳を加え、ラップをせずにレンジに4分かける。取り出し、泡だて器で全体を混ぜる。再度レンジに3分かけ、取り出して同様に混ぜる。さらにレンジに1分かけ、取り出して均一になるまで混ぜる。塩、胡椒を加えて味を調える。

❷ ①にほうれん草（冷凍なら凍ったままでも）、食べやすく切ったベーコンを入れて混ぜる。

❸ 耐熱皿にごはんを広げ、②をかけてチーズを散らし、180℃のオーブントースターまたは、オーブンで焼き色がつくまで10分程度焼く。

POINT
牛乳の代わりに豆乳でもOK

レシピ

10 細かく切らない炊き込みごはん

具材は大きいまま投入。
食べるときに小さくする、という新発想

材料〈3人分〉

にんじん…小1本
しめじ…1パック
鶏モモ肉(唐揚げ用)…150g
里芋(冷凍)…4～6個
米…2合
昆布…5㎝角1枚
醤油…大さじ2

❶ 炊飯器の内釜に洗った米と水をすし飯ラインまで入れ、昆布を加えて30分ほど置く。
❷ にんじんは皮をむき1.5㎝程度の厚さに切る。しめじは石づきを取る。
❸ ①に醤油を入れさっと混ぜ、②と鶏肉、里芋をのせ、炊飯する。炊きあがったら、昆布を取りだし、しゃもじで具を崩しながら混ぜる。

POINT

硬くなりやすい鶏肉も
大きいまま入れることで
しっとり

21歳になった双子の息子たちが語る、上田家の食卓

子どもの頃から、ハンバーグとカレーが大好きで。
ハンバーグだけでも、かけるソースが
和風おろし、味噌煮込み、デミグラス、ケチャップなどなど
おそらく5〜6パターンくらいあったので、
ハンバーグの日が週2日あっても、
それはむしろ嬉しかった！
料理家という仕事柄、友人からは
「お母さんが作る晩ごはん、すごいんでしょ？　毎晩、豪華なんでしょ？」と
聞かれることも多いんですが、
僕たちにとっては、普通の主婦で、普通のお母さん。
取り立てて華美なものはまったくなくて、
冷蔵庫にあるもので、いつものメニューをいかに新しく感じさせるか？を
頑張ってくれていた気がします。

――和範

〝カレー〟と名のつく料理が食卓に並ぶことは多かったんですが(笑)、
「また、カレーなの？」と言ったことは、
一度もなかったんですよね。
お決まりのメニューでも、毎回、具材が違うので、
(冷蔵庫に余っていた野菜とかを入れてきっと工夫していたと思うのですが)
不思議とまったく飽きませんでした。
兄弟の中での、定番人気は春巻き。
それこそ、中の具材が毎回違うので、面白いんです。
「今日は何カレーだろう？」「春巻きの中身はなんだ？」と
我が家の食事中は、にぎやかで楽しいですね。

――将範

おわりに

大人になったら、日々バラエティに富んだごはん作りが当たり前のようにできる。子どもの頃はそう思っていたのに、いざ自分の家族ができたときには思うようにいかず、できない自分がいやになって悩んだ。

お恥ずかしながら、これはかつての私の話です。白状したのは、同じ思いの方が少なからずいらっしゃるはず、と思うからです。栄養、見た目、豪華さ、品数。情報の洪水の中で、「ちゃんと作らなきゃ」という思いにがんじがらめにされていませんか。

でもね、料理に関わる日々を重ねるうちに見えてきました。家庭料理で大切なのは「毎日そこそこの料理を作り続ける」ことなのだということが。

レシピ通りに材料を揃えて作るのももちろん料理の楽しさです。でも、それじゃあ毎日の料理は息切れして当然です。身近な素材をさっと茹でたり、焼いたりするだけ。これだって立派な料理なんだと思うと、気持ちが楽になりませんか。

目を向けるべきは、レシピを一字一句追うことではありません。2つの会話なのだと私は思っています。

ひとつめは、料理との会話。今日の照り焼きはちょっと甘かったな、今度は醬油をもう少し入れて仕上げよう！　今日の大根は硬めだから少し長めに煮てみようかな……。そういうふうに情報ではなく目の前の素材と向き合うことで、格段に美味しくなるはずです。

ふたつめは家族との会話。もう少しシャキシャキ歯ごたえのあるほうがよかった！　この味付けは豚肉で食べたかった！と言われてムッとしながらも、次は言われないように頑張ってみようかな……と気を取り直して続けていくうちに、自分の好きな味付けができるようになり、家族が喜ぶ仕上がりになっていく。「美味しかったあ」と言われたときには、もちろん心の中でガッツポーズ！ですよね。

家庭料理って、そんなキャッチボールで育まれていくものなのではないでしょうか？ではレシピの役割は？それは、そんなあなたとあなたの家族へ贈るネタ元みたいなものと思ってください。決して教科書ではありません。料理書に書いてあることこそが正解、ではないのです。煮物一つとっても、レシピをもとに何度となくトライ&エラーを繰り返しながら、自分の味、家族の味を作っていく。するといつしか、それは「あれ」と呼ばれ、家族から「あれが、食べたいなあ～、作ってほしいなあ～」と言われるような、「名もなき我が家の味」となる。続けていけば、いつかきっとそんな日々がやってきます。

だから焦らず、ゆっくり作り続けましょう。息切れしそうになったら、卵かけごはんだけの夕飯の日があったっていいじゃない！大切なのは「自分を否定しないこと」と、「作ることをやめないこと」。ゆっくり休みながらでもいいんですよ。あなたの手で、家族の思いをすくい上げながら作られる料理は、それだけであなたや家族にとって、かけがえのないものであるはずです。

この本が、そんな皆さんの「ネタ元」になることができれば、私もとても嬉しいです。

上田淳子

上田淳子《うえだじゅんこ》

料理研究家。神戸市生まれ。辻学園調理・製菓専門学校を卒業後、同校の西洋料理研究職員を経て渡欧。スイスのホテルのレストランやベッカライ(ベーカリー)、パリではミシュランの星付きレストラン、シャルキュトリーなどで約3年間修業を積む。帰国後は、シェフパティシエを経て独立。料理教室を主宰するほか、雑誌やテレビ、広告などで活躍。双子の男の子の母としての経験を生かし、食育についての活動も積極的に行う。著書には『フランス人が好きな3種の軽い煮込み。』『フランス人がこよなく愛する3種の粉もの。』(ともに誠文堂新光社)、『から揚げは、「余熱で火を通す」が正解!』(家の光協会)などがある。

HERS BOOKS

子どもはレシピ10個で育つ。

2018年11月5日　初版第1刷発行
2021年10月25日　第2刷発行

著　者　上田淳子
発行人　為田 敬
発行所　株式会社 光文社
〒112-8011
東京都文京区音羽1-16-6
☎03-5395-8234（編集部）
☎03-5395-8116（書籍販売部）
☎03-5395-8125（業務部）
印刷・製本　共同印刷株式会社

落丁本・乱丁本は業務部にご連絡くだされば、お取り替えいたします。

ISBN 978-4-334-95052-1

ブックデザイン　中村圭介、伊藤永祐(ナカムラグラフ)
撮影　馬場わかな
スタイリング　池水陽子
取材・文　坂本亜里
編集　松本朋子

この本を読んでのご意見・ご感想をお聞かせください。
hers-web@kobunsha.com